GRISELIDIS

NOUVELLE.

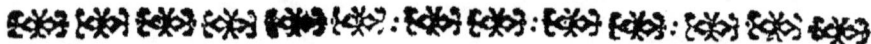

A
MADEMOISELLE *⁂

EN vous offrant jeune & sage Beauté ;
Ce modele de Patience ,
Je ne me suis jamais flatté
Que par vous de tout point il seroit imité ,
C'en seroit trop en conscience.

Mais Paris où l'homme est poli ,
Où le beau sexe né pour plaire
Trouve son bonheur accompli ,
De tous costez est si rempli
D'exemples du vice contraire ,
Qu'on ne peut en toute saison ,
Pour s'en garder ou s'en défaire ,
Avoir trop de contrepoison.

Une Dame aussi patiente
Que celle dont icy je releve le prix,
  Seroit par tout une chose étonnante,
  Mais ce seroit un prodige à Paris.

  Les femmes y sont souveraines,
  Tout s'y regle selon leurs vœux,
  Enfin c'est un climat heureux
  Qui n'est habité que de Reynes,

  Ainsi je voy que de toutes façons.
  Griselidis y sera peu prisée,
  Et qu'elle y donnera matiere de risée,
  Par ses trop antiques leçons.

  Ce n'est pas que la Patience
Ne soit une vertu des Dames de Paris,
Mais par un long usage elles ont la science
De la faire exercer par leur propres maris.

GRISELIDIS

NOUVELLE.

Au pié des celebres montagnes
Où le Po s'échappant de deſſous ſes roſeaux,
Va dans le ſein des prochaines campagnes,
Promener ſes naiſſantes eaux,
Vivoit un jeune & vaillant Prince,
Les delices de ſa Province :
Le Ciel en le formant, ſur luy tout à la fois,
Verſa ce qu'il a de plus rare,
Ce qu'entre ſes amis d'ordinaire il ſepare,
Et qu'il ne donne qu'aux grands Roys.

Comblé de tous les dons & du corps & de l'ame,
Il fut robuſte, adroit, propre au meſtier de
Mars,

Et par l'inſtinct ſecret d'une divine flâme,

      Avec ardeur il aima les beaux Arts.

Il aima les combats, il aima la victoire,

      Les grands projets, les actes valeureux,

Et tout ce qui fait vivre un beau nom dans l'hiſ-

toire ;

      Mais ſon cœur tendre & genereux

Fut encor plus ſenſible à la ſo'ide gloire

      De rendre ſes Peuples heureux.

      Ce temperamment heroïque

      Fut obſcurci d'une ſombre vapeur

      Qui chagrine & mélancolique,

      Luy faiſoit voir dans le fond de ſon cœur,

      Tout le beau ſexe infidelle & trompeur :

Dans la femme, où brilloit le plus rare merite,

      Il voyoit une ame hypocrite,

      Un eſprit d'orgüeil enyvré,

Un cruel ennemi qui ſans ceſſe n'aſpire

Qu'à prendre un souverain empire
Sur l'homme malheureux qui luy sera livré.

Le frequent usage du monde,
Où l'on ne voit qu'Espoux subjuguez ou trahis,
Joint à l'air jaloux du Païs,
Accrut encor cette haine profonde.
Il jura donc plus d'une fois,
Que quand mesme le Ciel pour luy plein de
tendresse,
Formeroit une autre Lucrece,
Jamais de l'hymenée il ne suivroit les loix.

Ainsi, quand le matin, qu'il donnoit aux affaires,
Il avoit reglé sagement
Toutes les choses necessaires
Au bonheur du gouvernement,
Que du foible orphelin, de la veuve oppressée,
Il avoit conservé les droits,

Ou banni quelque impoft qu'une guerre forcée
   Avoit introduit autrefois ;
   L'autre moitié de la journée
   A la chaffe eftoit deftinée ,
   Où les Sangliers & les Ours ,
   Malgré leur fureur & leurs armes
   Luy donnoient encor moins d'alarmes
Que le fexe charmant qu'il évitoit toujours.

Cependant fes fujets que leur intereft preffe
   De s'affeurer d'un fucceffeur
Qui les gouverne un jour avec mefme douceur ,
A leur donner un fils le convioient fans ceffe.

Un jour dans le Palais ils vinrent tous en corps
   Pour faire leurs derniers efforts ;
   Un Orateur d'une grave apparence ,
   Et le meilleur qui fuft alors , (ce.
Dit tout ce qu'on peut dire en pareille occurren-

Il marqua leur defir preffant
De voir fortir du Prince une heureufe lignée
Qui rendift à jamais leur Eftat floriffant,
 Il luy dit mefme en finiffant
 Qu'il voyoit un Aftre naiffant
 Iffu de fon chafte hymenée
 Qui faifoit pâlir le croiffant.

D'un ton plus-fimple & d'une voix moins forte,
Le Prince à fes fujets répondit de la forte.

 Le zele ardent , dont je vois qu'en ce jour
 Vous me portez aux nœuds du mariage ,
 Me fait plaifir , & m'eft de voftre amour
 Un agreable témoignage ;
 J'en fuis fenfiblement touché ,
Et voudrois dés demain pouvoir vous fatisfaire
 Mais à mon fens l'hymen eft une affaire
Où plus l'homme eft prudent , plus il eft empef-
ché.

Obſervez bien toutes les jeunes filles ;
Tant qu'elles ſont au ſein de leurs familles
Ce n'eſt que vertu , que bonté ,
Que pudeur que ſincerité ,
Mais ſi-toſt que le mariage
Au deguiſement a mis fin ,
Et qu'ayant fixé leur deſtin
Il n'importe plus d'eſtre ſage ,
Elles quittent leur perſonnage ,
Non ſans avoir beaucoup pati ,
Et chacune dans ſon meſnage
Selon ſon gré prend ſon parti.

L'une d'humeur chagrine , & que rien ne re-
crée ,
Devient une Devote outrée ,
Qui crie & gronde à tous momens ,
L'autre ſe façonne en Coquette ,
Qui ſans ceſſe eſcoute ou caquette ,

Et n'a jamais affez d'Amans ;

Celle-cy des beaux Arts follement curieufe,

De tout decide avec hauteur ,

Et critiquant le plus habile Autheur ,

Prend la forme de Precieufe ;

Cette autre s'érige en Joüeufe ;

Perd tout , argent , bijoux , bagues , meubles de

prix ,

Et mefme jufqu'à fes habits.

Dans la diverfité des routes qu'elles tiennent ,

Il n'eft qu'une chofe où je voy

Qu'enfin toutes elles conviennent ,

C'eft de vouloir donner la loy.

Or je fuis convaincu que dans le mariage

On ne peut jamais vivre heureux ,

Quand on y commande tous deux ;

Si donc vous fouhaitez qu'à l'hymen je m'en-

gage ,

Cherchez une jeune Beauté

Sans orguëil & sans vanité ,

D'une obeïssance achevée ,

D'une patience éprouvée ,

Et qui n'ait point de volonté ,

Je la prendray quand vous l'aurez trouvée.

Le Prince ayant mis fin à ce discours moral ,

Monte brusquement à cheval ,

Et court joindre à perte d'haleine

Sa meutte qui l'attend au milieu de la plaine.

Aprés avoir passé des prés & des guerets ,

Il trouve ses Chasseurs couchez sur l'herbe verte;

Tous se levent & tous alerte ,

Font trembler de leurs cors les hostes des forests.

Des chiens courans , l'abboyante famille ,

Deçà , delà , parmi le chaume brille ,

Et les Limiers à l'œil ardent

Qui

Qui du fort de la Beste à leur poste reviennent,
    Entraiſnent en les regardant
    Les forts valets qui les retiennent.

    S'eſtant inſtruit par un des ſiens
    Si tout eſt preſt, ſi l'on eſt ſur la trace,
Il ordonne auſſi-toſt qu'on commence la chaſſe,
    Et fait donner le Cerf aux chiens.
    Le ſon des cors qui retentiſſent,
    Le bruit des chevaux qui henniſſent
Et des chiens animez les penetrants abbois,
Rempliſſent la foreſt de tumulte & de trouble,
Et pendant que l'echo ſans ceſſe les redouble,
S'enfoncent avec eux dans les plus creux du bois.

Le Prince par hazard ou par ſa deſtinée,
    Prit une route deſtournée
    Où nul des Chaſſeurs ne le ſuit;
    Plus il court, plus il s'en ſepare:

              B

Enfin à tel point il s'égare,
Que des chiens & des cors il n'entend plus le
bruit.

L'endroit où le mena sa bizare avanture,
Clair de ruisseaux & sombre de verdure,
Saisissoit les esprits d'une secrette horreur;
La simple & naïve Nature
S'y faisoit voir & si belle & si pure,
Que mille fois il benit son erreur.

Rempli des douces resveries
Qu'inspirent les grands bois, les eaux & les prai-
ries,
Il sent soudain frapper & son cœur & ses yeux
Par l'objet le plus agreable,
Le plus doux & le plus aimable
Qu'il eust jamais veu sous les Cieux.

C'eſtoit une jeune Bergere
Qui filoit aux bords d'un ruiſſeau,
Et qui conduiſant ſon trouppeau,
D'une main ſage & menagere
Tournoit ſon agile fuſeau.

Elle auroit pû dompter les cœurs les plus ſau-
vages ;
Des lys, ſon teint a la blancheur,
Et ſa naturelle fraicheur
S'eſtoit toujours ſauvée à l'ombre des boccages:
Sa bouche, de l'enfance avoit tout l'agrément,
Et ſes yeux qu'adoucit une brune paupiere,
Plus bleus que n'eſt le firmament,
Avoient auſſi plus de lumiere.

Le Prince, avec tranſport, dans le bois ſe gliſ-
ſant,
Contemple les beautez dont ſon ame eſt émüe,

Mais le bruit qu'il fait en paſſant
De la Belle ſur luy fit deſtourner la veüe ;
Dez qu'elle ſe vit apperceüe,
D'un brillant incarnat la prompte & vive ardeur,
De ſon beau teint redoubla la ſplendeur,
Et ſur ſon viſage épandüe
Y fit triompher la Pudeur.

Sous le voile innocent de cette honte aimable,
Le Prince découvrit une ſimplicité ;
Une douceur, une ſincerité,
Dont il croyoit le beau ſexe incapable,
Et qu'il voit là dans toute leur beauté.

Saiſi d'une frayeur pour luy toute nouvelle,
Il s'approche interdit, & plus timide qu'elle,
Luy dit d'une tremblante voix,
Que de tous ſes Veneurs il a perdu la trace,
Et luy demande ſi la chaſſe

N'a point paſſé quelque part dans le bois.

Rien n'a paru, Seigneur , dans cette ſolitude ,
Dit-elle , & nul icy que vous ſeul n'eſt venu ;
   Mais n'ayez point d'inquietude ,
Je remettray vos pas ſur un chemin connu.

   De mon heureuſe deſtinée
Je ne puis , luy dit-il , trop rendre grace aux
   Dieux ,
Depuis long-temps je frequente ces lieux ,
Mais j'avois ignoré juſqu'à cette journée
   Ce qu'ils ont de plus precieux.

Dans ce temps elle voit que le Prince ſe baiſſe
   Sur le moitte bord du ruiſſeau ,
   Pour eſtancher dans le cours de ſon eau
   La ſoif ardente qui le preſſe ,
   Seigneur , attendez un moment ,

Dit-elle , & courant promptement

Vers fa cabane , elle y prend une taffe ,

Qu'avec joye & de bonne grace ,

Elle prefente à ce nouvel Amant.

Les vafes precieux de criftal & d'agathe

Où l'or en mille endroits éclatte ,

Et qu'un Art curieux avec foin façonna :

N'eurent jamais pour luy , dans leur pompe

inutile ,

Tant de beauté que le vafe d'argile

Que la Bergere luy donna.

Cependant pour trouver une route facile ,

Qui mene le Prince à la ville ,

Ils traverfent des bois , des rochers efcarpez

Et de torrens entrecoupez ,

Le Prince n'entre point dans de route nouvelle

Sans en bien obferver , tous les lieux d'alentour ,

Et ſon ingenieux Amour
 Qui ſongeoit au retour ,
En fit une carte fidelle.

Dans un bocage ſombre & frais
Enfin la Bergere le meine ,
Où, de deſſous ſes branchages eſpais
Il voit au loin dans le ſein de la plaine
 Les toits dorez de ſon riche Palais.

S'eſtant ſeparé de la Belle ,
Touché d'une vive douleur ,
A pas lents il s'eſloigne d'Elle ,
Chargé du trait qui luy perce le cœur ;
Le ſouvenir de ſa tendre avanture ,
Avec plaiſir le conduiſit chez luy ,
Mais dez le lendemain il ſentit ſa bleſſure ,
Et ſe vit accablé de triſteſſe & d'ennuy.

Dez qu'il le peut il retourne à la chaſſe ,

Où de ſa ſuite adroitement
Il s'échappe & ſe debaraſſe
Pour s'égarer heureuſement.
Des arbres & des monts les cimes eſlevées ;
Qu'avec grand ſoin il avoit obſervées,
Et les avis ſecrets de ſon fidelle amour ,
Le guiderent ſi bien que malgré les traverſes,
De cent routes diverſes ,
De ſa jeune Bergere il trouva le ſejour.

Il ſçut qu'elle n'a plus que ſon Pere avec elle,
Que Griſelidis on l'appelle ,
Qu'ils vivent doucement du lait de leurs brebis,
Et que de leur toiſon qu'elle ſeule elle file,
Sans avoir recours à la Ville ,
Ils font eux-meſmes leurs habits.

Plus il la voit plus il s'enflâme
Des vives beautez de ſon ame ;

Il connoiſt en voyant tant de dons precieux,

Que ſi la Bergere eſt ſi belle,

C'eſt qu'une legere étincelle,

Del' eſprit qui l'anime a paſſé dans ſes yeux.

Il reſſent une joye extreme,

D'avoir ſi bien placé ſes premieres amours,

Ainſi ſans plus tarder, il fit dez le jour meſme

Aſſembler ſon Conſeil & luy tint ce diſcours.

Enfin aux Loix de l'Hymenée

Suivant vos vœux je me vais engager,

Je ne prens point ma femme en Païs eſtranger,

Je la prens parmy vous, belle, ſage, bien née,

Ainſi que mes ayeux ont fait plus d'une fois,

Mais j'attendray cette grande journée

A vous informer de mon choix.

Dez que la nouvelle fut ſçûë,

Par tout elle fut répanduë.

On ne peut dire avec combien d'ardeur

L'allegresse publique

De tous costez s'explique ;

Le plus content fut l'Orateur,

Qui par son discours pathetique

Croyoit d'un si grand bien estre l'unique Auteur,

Qu'il se trouvoit homme de consequence !

Rien ne peut resister à la grande éloquence,

Disoit-il sans cesse en son cœur.

Le plaisir fut de voir le travail inutile,

Des Belles de toute la Ville

Pour s'attirer & meriter le choix [deste

Du Prince leur Seigneur, qu'un air chaste & mo-

Charmoit uniquement & plus que tout le reste,

Ainsi qu'il l'avoit dit cent fois.

D'habit & de maintien toutes elles changerent,

D'un ton devot elles toufferent ,

Elles radoucirent leurs voix ,

De demy-pied les coeffures baifferent ;

La gorge fe couvrit , les manches s'allongerent,

A peine on leur voyoit le petit bout des doigts.

    Dans la Ville avec diligence ,

    Pour l'Hymen dont le jour s'avance ,

    On voit travailler tous les Arts ,

    Icy fe font de magnifiques chars

    D'une forme toute nouvelle ,

    Si beaux & fi bien inventez ,

    Que l'or qui par tout eftincelle ,

    En fait la moindre des beautez.

Là , pour voir aifement & fans aucun obftacle,

    Toute la pompe du fpectacle ,

    On dreffe de longs efchaffaux ,

    Icy de grands Arcs triomphaux ,

Où du Prince Guerrier se celebre la gloire,
Et de l'Amour sur luy l'éclatante victoire.

Là , sont forgez d'un art industrieux,
Ces feux qui par les coups d'un innocent ton-
    nerre ,
    En effrayant la Terre ,
De mille astres nouveaux embelissent les Cieux.
    Là d'un ballet ingenieux
Se concerte avec soin l'agreable folie ,
Et là d'un Opera peuplé de mille Dieux ,
Le plus beau que jamais ait produit l'Italie,
On entend repeter les airs melodieux.

Enfin du fameux Hymenée ,
Arriva la grande journée.

Sur le fond d'un Ciel vif & pur ,
A peine l'Aurore vermeille,
             Confondoi

Confondoit l'or avec l'azur ,

Que par tout en surfaut le beau sexe s'éveille ;

Le Peuple curieux s'épand de tous costez ,

En differens endroits des Gardes sont postez

    Pour contenir la Populace ,

    Et la contraindre à faire place.

    Tout le Palais retentit de Clairons ,

De flutes , de hautbois , de rustiques musettes ,

    Et l'on n'entend aux environs

    Que des tambours & des trompettes.

Enfin le Prince sort entouré de sa Cour ,

    Il s'esleve un long cry de joye ,

Mais on est bien surpris quand au premier detour,

De la Forest prochaine on voit qu'il prend la

    voye ,

    Ainsi qu'il faisoit chaque jour.

Voilà , dit-on , son penchant qui l'emporte ,

Et de ses passions , en dépit de l'Amour ,

             C

La Chaffe eft tousjours la plus forte.

Il traverfé rapidement
Les guerets de la plaine , & gaignant la mon-
tagne ,
Il entre dans le bois au grand eftonnement
De la Troupe qui l'accompagne.

Aprés avoir paffé par differens detours ,
Que fon cœur amoureux fe plaift à reconnaiftre,
Il trouve enfin la cabane champeftre
Où logent ces tendres amours.

Grifelidis de l'Hymen informée,
Par la voix de la Renommée,
En avoit pris fon bel habillement ;
Et pour en aller voir la pompe magnifique
De deffous fa cafe ruftique
Sortoit en ce mefme moment.

Où courez-vous si prompte & si legere ,
    Luy dit le Prince en l'abordant
    Et tendrement la regardant ,
Cessez de vous haster , trop aimable Bergere ,
La nopce où vous allez, & dont je suis l'Espoux
    Ne sçauroit se faire sans vous.

Oüy , je vous aime , & je vous ay choisie
    Entre mille jeunes beautez ,
Pour passer avec vous le reste de ma vie ,
Si toutefois mes vœux ne sont pas rejettez.

Ah ! dit-elle, Seigneur , je n'ay garde de croire
Que je sois destinée à ce comble de gloire ,
    Vous cherchez à vous divertir.
    Non , non , dit-il , je suis sincere ,
    J'ay desja pour moy vostre Pere ,
(Le Prince avoit eu soin de l'en faire avertir)
    Daignez Bergere y consentir ,
            C ij

C'eſt-là tout ce qui reſte à faire.

Mais afin qu'entre nous une ſolide paix

Eternellement ſe maintienne ,

Il faudroit me jurer que vous n'aurez jamais

D'autre volonté que la mienne.

Je le jure , dit-elle , & je vous le promets ;

Si j'avois eſpouſé le moindre du Village ,

J'obeïrois , ſon joug me ſeroit doux ,

Helas ! combien donc davantage ,

Si je viens à trouver en vous ,

Et mon Seigneur & mon Eſpoux.

Ainſi le Prince ſe declare ;

Et pendant que la Cour applaudit à ſon choix,

Il porte la Bergere à ſouffrir qu'on la pare

Des ornemens qu'on donne aux Eſpouſes des

Roys.

Celles qu'à cet employ leur devoir intereſſe ,

Entrent dans la cabane, & là diligemment
Mettent tout leur fçavoir & toute leur adreſſe
A donner de la grace à chaque ajuſtement.

      Dans cette Hutte où l'on ſe preſſe,
      Les Dames admirent ſans ceſſe
      Avec quel art la Pauvreté
      S'y cache ſous la Propreté ;
      Et cette ruſtique Cabane,
Que couvre & rafraichit un ſpacieux Platane,
      Leur ſemble un ſejour enchanté.

Enfin, de ce Reduit ſort pompeuſe & brillante
      La Bergere charmante ,
      Ce ne ſont qu'applaudiſſemens
      Sur ſa beauté, ſur ces habillemens ;
      Mais ſous cette pompe eſtrangere
Desja plus d'une fois le Prince a regretté,
      Des ornemens de la Bergere,

                    C iij

L'innocente simplicité.

Sur un grand char d'or & d'Ivoire ;
La Bergere s'affied pleine de majefté ,
Le Prince y monte avec fierté ,
Et ne trouve pas moins de gloire
A fe voir comme Amant affis à fon cofté ,
Qu'à marcher en triomphe aprés une victoire ;
La Cour les fuit & tous gardent le rang
Que leur donne leur charge ou l'éclat de leur
     fang.

La Ville dans les champs prefque toute fortie
Couvroit les plaines d'alentour ,
Et du choix du Prince avertie ,
Avec impatience attendoit fon retour ,
Il paroift , on le joint. Parmi l'épaiffe foule
Du Peuple qui fe fend le char à peine roule ;
Par les longs cris de joye à tout coup redoublez,

Les chevaux émûs & troublez,
Se cabrent, trepignent, s'élancent
Et reculent plus qu'ils n'avancent.

Dans le Temple on arrive enfin,
Et là par la chaifne éternelle
D'une promeffe folemnelle,
Les deux Efpoux uniffent leur deftin :
Enfuite au Palais ils fe rendent,
Où mille plaifirs les attendent,
Où la Dance, les Jeux, les Courfes, les Tour-
nois
Refpandent l'allegreffe en differens endroits;
Sur le foir le blond Hymenée,
De fes chaftes douceurs couronna la journée.

Le lendemain les differens Etats
De toute la Province
Accourent haranguer la Princeffe & le Prince

Par la voix de leurs Magiftrats.

De fes Dames environnée

Grifelidis , fans paraiftre eftonnée ,

En Princeffe les entendit ,

En Princeffe leur répondit.

Elle fit toute chofe avec tant de prudence ,

Qu'il fembla que le Ciel euft verfé fes threfors ,

Avec encor plus d'abondance

Sur fon ame que fur fon corps.

Par fon efprit , par fes vives lumieres ,

Du grand monde auffi-toft elle prit les manieres,

Et mefme dez le premier jour

Des talens , de l'humeur des Dames de fa Cour,

Elle fe fit fi bien inftruire ,

Que fon bon fens jamais embaraffé

Eut moins de peine à les conduire ,

Que fes Brebis du temps paffé.

Avant la fin de l'an des fruits de l'Hymenée ,

Le Ciel benit leur couche fortunée ,

Ce ne fut pas un Prince , on l'euft bien fouhaité,

Mais la jeune Princeffe avoit tant de beauté ,

Que l'on ne fongea plus qu'à conferver fa vie;

Le Pere qui luy trouve un air doux & charmant,

La venoit voir de moment en moment ,

Et la Mere encor plus ravie

La regardoit inceffamment.

Elle voulut la nourrir elle-mefme ,

Ah! dit-elle, comment m'exempter de l'employ

Que fes cris demandent de moy ,

Sans une ingratitude extreme ;

Par un motif de Nature ennemi

Pourrois-je bien vouloir de mon Enfant que

j'aime ,

N'eftre la Mere qu'à demi.

Soit que le Prince euſt l'ame un peu moins en-
flammée

Qu'aux premiers jours de ſon ardeur ;

Soit que de ſa maligne humeur

La maſſe ſe fuſt rallumée ,

Et de ſon épaiſſe fumée

Euſt obſcurci ſes ſens & corrompu ſon cœur ;

Dans tout ce que fait la Princeſſe ,

Il s'imagine voir peu de ſincerité ,

Sa trop grande vertu le bleſſe ,

C'eſt un piege qu'on tend à ſa credulité ;

Son eſprit inquiet & de trouble agité

Croit tous les ſoupçons qu'il écoute ;

Et prend plaiſir à revoquer en doute

L'excez de ſa felicité.

Pour guerir les chagrins dont ſon ame eſt atteinte ,

Il la ſuit , il l'obſerve , il aime à la troubler

Par les ennuis de la contrainte,

Par les allarmes de la crainte,

Par tout ce qui peut demefler

La verité d'avec la feinte,

C'eſt trop, dit-il, me laiſſer endormir,

Si ſes vertus ſont veritables

Les traittemens les plus inſupportables,

Ne feront que les affermir.

Dans ſon Palais il la tient reſſerrée,

Loin de tous les plaiſirs qui naiſſent à la Cour,

Et dans ſa chambre, où ſeule elle vit retirée,

A peine il laiſſe entrer le jour.

Perſuadé que la Parure

Et le ſuperbe Ajuſtement

Du ſexe, que pour plaire a formé la Nature,

Eſt le plus doux enchantement,

Il luy demande avec rudeſſe

Les perles, les rubis, les bagues, les bijoux

Qu'il luy donna pour marque de tendreſſe,
Lorſque de ſon Amant il devint ſon Eſpoux.

Elle dont la vie eſt ſans tache,
Et qui n'a jamais eu d'attache
Qu'à s'acquitter de ſon devoir,
Les luy donne ſans s'émouvoir,
Et meſme le voyant ſe plaire à les reprendre,
N'a pas moins de joye à les rendre
Qu'elle en eut à les recevoir.

Pour m'éprouver mon Eſpoux me tourmente,
Dit-elle, & je voy bien qu'il ne me fait ſouffrir,
Qu'afin de reveiller ma vertu languiſſante,
Qu'un doux & long repos pourroit faire perir.
S'il n'a pas ce deſſein, du moins ſuis-je aſſeurée
Que telle eſt du Seigneur la conduite ſur moy,
Et que de tant de maux l'ennuieuſe durée,
N'eſt que pour exercer ma conſtance & ma foy.

Pendant

Pendant que tant de malheureuses

Errent au gré de leurs desirs

Par mille routes dangereuses,

Aprés de faux & vains plaisirs ;

Pendant que le Seigneur dans sa lente justice

Les laisse aller aux bords du precipice,

Sans prendre part à leur danger,

Par un pur mouvement de sa bonté supréme,

Il me choisit comme un enfant qu'il aime,

Et s'applique à me corriger.

Aimons donc sa rigueur utilement cruelle ;

On n'est heureux qu'autant qu'on a souffert,

Aimons sa Bonté paternelle,

Et la main dont elle se sert.

Le Prince a beau la voir obeïr sans contrainte

A tous ses ordres absolus,

Je voy le fondement de cette vertu feinte ;

D

Dit-il , & ce qui rend tous mes coups superflus,

C'est qu'ils n'ont porté leur atteinte

Qu'à des endroits où son amour n'est plus.

Dans son Enfant, dans la jeune Princesse

Elle a mis toute sa tendresse ,

A l'éprouver si je veux reussir ,

C'est-là qu'il faut que je m'adresse ;

C'est-là que je puis m'éclaircir.

Elle venoit de donner la mamelle ,

Au tendre Objet de son amour ardent

Qui couché sur son sein se joüoit avec elle,

Et rioit en la regardant ;

Je voy que vous l'aimez , luy dit-il , cependant

Il faut que je vous l'oste en cet âge encor tendre

Pour luy former les mœurs & pour la preserver

De certains mauvais airs qu'avec vous l'on peut

prendre;

Mon heureux fort m'a fait trouver

Une Dame d'efprit qui fçaura l'élever

Dans toutes les vertus & dans la politeffe

Que doit avoir une Princeffe,

Difpofez-vous à la quitter

On va venir pour l'emporter.

Il la laiffe à ces mots, n'ayant pas le courage ;

Ny les yeux affez inhumains ;

Pour voir arracher de fes mains

De leur amour l'unique gage ;

Elle de mille pleurs fe baigne le vifage,

Et dans un morne accablement

Attend de fon malheur le funefte moment.

Dez que d'une action fi trifte & fi cruelle

Le miniftre odieux, à fes yeux fe montra ;

Il faut obeïr, luy dit-elle,

Puis prenant fon Enfant qu'elle confidera ;

Qu'elle baifa d'une ardeur maternelle,
Qui de fes petits bras tendrement la ferra,
Toute en pleurs elle le livra.
Ah que fa douleur fut amere !
Arracher l'enfant ou le cœur
Du fein d'une fi tendre Mere
C'eft la mefme douleur.

Prés de la Ville eftoit un Monaftere,
Fameux par fon antiquité,
Où des Vierges vivoient dans une regle auftere,
Sous les yeux d'une Abbeffe illuftre en pieté.
Ce fut-là que dans le filence,
Et fans declarer fa naiffance,
On dépofa l'Enfant, & des bagues de prix,
Sous l'efpoir d'une recompenfe
Digne des foins que l'on en auroit pris.

Le Prince qui tafchoit d'efloigner par la chaffe

Le vif remords qui l'embaraſſe

Sur l'excez de ſa cruauté ;

Craignoit de revoir la Princeſſe,

Comme on craint de revoir une fiere Tygreſſe

A qui ſon faon vient d'eſtre oſté,

Cependant il en fut traitté

Avec douceur, avec careſſe,

Et meſme avec cette tendreſſe

Qu'elle eut aux plus beaux jours de ſa proſperité,

Par cette complaiſance & ſi grande & ſi prompte,

Il fut touché de regret & de honte,

Mais ſon chagrin demeura le plus fo t :

Ainſi, deux jours aprés, avec des larmes feintes

Pour luy porter encor de plus vives atteintes,

Il luy vint dire que la Mort

De leur aimable Enfant avoit fini le ſort.

Ce coup inopiné mortellement la bleſſe ;

Cependant malgré sa tristesse,
Ayant vû son Espoux qui changeoit de couleur,
Elle parut oublier son malheur,
Et n'avoir mesme de tendresse
Que pour le consoler de sa fausse douleur.

Cette bonté, cette ardeur sans égale
D'amitié conjugale,
Du Prince tout à coup desarmant la rigueur
Le touche, le penetre & luy change le cœur,
Jusques-là qu'il luy prend envie
De declarer que leur enfant
Joüit encore de la vie,
Mais sa bile s'esleve & fiere luy deffend
De rien découvrir du mystere
Qu'il peut estre utile de taire.

Dez ce bien-heureux jour telle des deux Espoux
Fut la mutuelle tendresse,

Qu'elle n'eft point plus vive aux momens les
plus doux
Entre l'Amant & la Maiftreffe.

Quinze fois le.Soleil pour former les faifons,
Habita tour à tour dans fes douze maifons,
Sans rien voir qui les defuniffe :
Que fi quelquefois par caprice
Il prend plaifir à la fâcher,
C'eft feulement pour empefcher
Que l'amour ne fe rallentiffe,
Tel que le Forgeron qui preffant fon labeur,
Refpand un peu d'eau fur la braife.
De fa languiffante fournaife
Pour en redoubler la chaleur.

Cependant la jeune Princeffe
Croiffoit en efprit , en fageffe,
A la douceur , à la naïveté

Qu'elle tenoit de son aimable Mere ;

Elle joignit de son illustre Pere

L'agreable & noble fierté ;

L'amas de ce qui plaist dans chaque caractere

Fit une parfaite beauté.

Par tout comme un Astre elle brille

Et par hazard un Seigneur de la Cour,

Jeune bien fait & plus beau que le jour,

L'ayant vû paraistre à la grille,

Conceut pour elle un violent amour.

Par l'instinct qu'au beau sexe a donné la Nature,

Et que toutes les Beautez ont

De voir l'invisible blessure

Que font leurs yeux, au moment qu'ils la

font,

La Princesse fut informée

Qu'elle estoit tendrement aimée.

Aprés avoir quelque temps refifté ;
Comme on le doit avant que de fe rendre,
D'un amour également tendre
Elle l'aima de fon cofté.

Dans cet Amant, rien n'eftoit à reprendre,
Il eftoit beau , vaillant , né d'illuftres ayeux
Et dez long-temps pour en faire fon Gendre,
Sur luy le Prince avoit jetté les yeux.
Ainfi donc avec joye il apprit la nouvelle ;
De l'ardeur tendre & mutuelle
Dont brufloient ces jeunes Amans ;
Mais il luy prit une bizare envie ,
De leur faire acheter par de cruels tourmens ;
Le plus grand bon-heur de leur vie.

Je me plairay , dit-il , à les rendre contents ;
Mais il faut que l'Inquietude
Par tout ce qu'elle a de plus rude ;

Rende encor leurs feux plus conſtans ;

De mon Eſpouſe en meſme temps,

J'exerceray la patience ,

Non point , comme juſqu'à ce jour ;

Pour raſsûrer ma folle defiance ;

Je ne dois plus douter de ſon amour.

Mais pour faire éclatter aux yeux de tout le

Monde

Sa Bonté , ſa Douceur , ſa Sageſſe profonde ;

Afin que de ces dons ſi grands , ſi precieux ,

La Terre ſe voyant parée ,

En ſoit de reſpect penetrée ,

Et par reconnoiſſance en rende grace aux Cieux.

Il declare en public que manquant de lignée ,

En qui l'Eſtat un jour retrouve ſon Seigneur ,

Que la fille qu'il eut de ſon fol hymenée

Eſtant morte auſſi-toſt que née ,

Il doit ailleurs chercher plus de bonheur.

Que l'Espouse qu'il prend est d'illustre naissance,
Qu'en un Convent on l'a jusqu'à ce jour
Fait eslever dans l'innocence,
Et qu'il va par l'hymen couronner son amour.

On peut juger à quel point fut cruelle
Aux deux jeunes Amans cette affreuse nouvelle;
Ensuite, sans marquer ny chagrin ny douleur,
Il avertit son Espouse fidelle,
Qu'il faut qu'il se separe d'elle
Pour éviter un extreme malheur;
Que le Peuple indigné de sa basse naissance
Le force à prendre ailleurs une digne alliance.

Il faut, dit-il, vous retirer
Sous vostre toit de chaume & de fougere
Aprés avoir repris vos habits de Bergere,
Que je vous ay fait preparer.

Avec une tranquille & muette conſtance,

La Princeſſe entendit prononcer ſa ſentence ;

Sous les dehors d'un viſage ſerain

Elle devoroit ſon chagrin ,

Et ſans que la douleur diminuaſt ſes charmes ,

De ſes beaux yeux tomboient de groſſes larmes,

Ainſi que quelquefois au retour du Printemps,

Il fait Soleil & pleut en meſme temps.

Vous eſtes mon Eſpoux , mon Seigneur , & mon
Maiſtre ,

(Dit-elle en ſoupirant , preſte à s'évanoüir)

Et quelque affreux que ſoit ce que je viens
d'oüir ,

Je ſçauray vous faire connaiſtre

Que rien ne m'eſt ſi cher que de vous obeïr.

Dans ſa chambre auſſi-toſt ſeule elle ſe retire,

Et là ſe dépoüillant de ſes riches habits,

Elle

Elle reprend paifible & fans rien dire,
Pendant que fon cœur en foupire,
Ceux qu'elle avoit en gardant fes brebis.

En cet humble & fimple équipage,
Elle aborde le Prince & luy tient ce langage,

Je ne puis m'efloigner de vous,
Sans le pardon d'avoir fçû vous déplaire ;
Je puis fouffrir le poids de ma mifere,
Mais je ne puis, Seigneur, fouffrir voftre cour-
roux ;
Accordez cette grace à mon regret fincere ;
Et je vivray contente en mon trifte fejour,
Sans que jamais le Temps altere
Ny mon humble refpect, ny mon fidelle amour.

Tant de foumiffion & tant de grandeur d'ame
Sous un fi vil habillement,

E

Qui dans le cœur du Prince en ce mesme mo-
　　　　ment
Reveilla tous les traits de sa premiere flâme ;
Alloient casser l'arrest de son bannissement.

　　　　Emeu par de si puissans charmes ,
　　　　Et prest à répandre des larmes ,
　　　　Il commençoit à s'avancer
　　　　　　Pour l'embrasser ;
Quand tout à coup l'imperieuse gloire
　　　　D'estre ferme en son sentiment
　　Sur son amour remporta la victoire ,
Et le fit en ces mots répondre durement.

De tout le temps passé j'ay perdu la memoire ,
　　Je suis content de vostre repentir ,
　　　Allez , il est temps de partir.

Elle part aussi-tost , & regardant son Pere
Qu'on avoit revestu de son rustique habit ,

Et qui le cœur percé d'une douleur amere,

Pleuroit un changement si prompt & si subit.

Retournons, luy dit-elle, en nos sombres boc-

cages

Retournons habiter nos demeures sauvages,

Et quittons sans regret la pompe des Palais ;

Nos cabanes n'ont pas tant de magnificence,

Mais on y trouve avec plus d'innocence,

Un plus ferme repos, une plus douce paix.

Dans son desert à grand peine arrivée,

Elle reprend & quenoüille & fuseaux,

Et va filer au bord des mesmes eaux

Où le Prince l'avoit trouvée.

Là son cœur tranquille & sans fiel

Cent fois le jour demande au Ciel,

Qu'il comble son Espoux de gloire, de richesses,

Et qu'à tous ses desirs il ne refuse rien ;

Un Amour nourri de carresses

N'eſt pas plus ardent que le ſien.

Ce cher Eſpoux qu'elle regrette
Voulant encore l'éprouver,
Luy fait dire dans ſa retraite ;
Qu'elle ait à le venir trouver.

Griſelidis, dit-il, dez qu'elle ſe preſente
Il faut que la Princeſſe à qui je dois demain
Dans le Temple donner la main,
De vous & de moy ſoit contente.
Je vous demande icy tous vos ſoins, & je veux
Que vous m'aidiez à plaire à l'objet de mes
vœux ;
Vous ſçavez de quel air il faut que l'on me
ſerve,
Point d'épargne, point de reſerve,
Que tout ſente le Prince, & le Prince amoureux.

Employez toute voſtre adreſſe
A parer ſon appartement ,
Que l'abondance , la richeſſe ,
La propreté , la politeſſe
S'y faſſe voir également ;
Enfin ſongez inceſſamment
Que c'eſt une jeune Princeſſe
          Que j'aime tendrement.

Pour vous faire entrer davantage
Dans les ſoins de voſtre devoir ;
Je veux icy vous faire voir
Celle qu'à bien ſervir mon ordre vous engage.

Telle qu'aux Portes du Levant
Se montre la naiſſante Aurore ,
Telle parut en arrivant
La Princeſſe plus belle encore.
Griſelidis à ſon abord

Dans le fonds de fon cœur fentit un doux tranf-
> port

. De la tendreffe maternelle ;

Du temps paffé , de fes jours bienheureux

Le fouvenir en fon cœur fe rappelle ,

Helàs , ma fille , en foy-mefme, dit-elle ;

Si le Ciel favorable euft écouté mes vœux ,

Seroit prefque auffi grande , & peut-eftre auffi
> belle.

Pour la jeune Princeffe en ce mefme moment ,

Elle prit un amour fi vif , fi vehement ,

Qu'auffi-toft qu'elle fut abfente ,

En cette forte au Prince elle parla ,

Suivant, fans le fçavoir, l'inftinct qui s'en mêla.

Souffrez , Seigneur, que je vous reprefente,

Que cette Princeffe charmante ,

Dont vous allez eftre l'Efpoux ,

Dans l'aife, dans l'éclat, dans la pourpre nourrie,
Ne pourra fupporter, fans en perdre la vie,
Les mefmes traittemens que j'ay receus de vous.

Le befoin, ma naiffance obfcure,
M'avoient endurcie aux travaux,
Et je pouvois fouffrir toutes fortes de maux
Sans peine & mefme fans murmure ;
Mais elle qui jamais n'a connu la douleur,
Elle mourra dez la moindre rigueur,
Dez la moindre parole un peu feche, un peu dure,
Helas ! Seigneur, je vous conjure,
De la traiter avec douceur.

Songez, luy dit le Prince avec un ton fevere,
A me fervir felon voftre pouvoir,
Il ne faut pas qu'une fimple Bergere
Faffe des leçons, & s'ingere
De m'advertir de mon devoir.

Grifelidis à ces mots fans rien dire,
Baiffe les yeux & fe retire.

Cependant pour l'Hymen les Seigneurs invitez,
Arrivèrent de tous coftez ;
Dans une magnifique falle
Où le Prince les affembla
Avant que d'allumer la torche nuptiale,
En cette forte il leur parla.

Rien au monde aprés l'Efperance,
N'eft plus trompeur que l'Apparence ;
Icy l'on en peut voir un exemple éclattant.
Qui ne croiroit que ma jeune Maiftreffe,
Que l'hymen va rendre Princeffe,
Ne foit heureufe & n'ait le cœur content ?
Il n'en eft rien pourtant.

Qui pourroit s'empefcher de croire,

Que ce jeune Guerrier amoureux de la gloire,
N'aime à voir cet Hymen , luy qui dans les
      Tournois
Va fur tous fes Rivaux remporter la victoire ?]
    Cela n'eft pas vray toutefois.

Qui ne croiroit encor qu'en fa jufte colere ,
Grifelidis ne pleure & ne fe defefpere ?
Elle ne fe plaint point , elle confent à tout ,
Et rien n'a pû pouffer fa patience à bout.

Qui ne croiroit enfin que de ma deftinée,
Rien ne peut égaler la courfe fortunée ,
En voyant les appas de l'objet de mes vœux ?
Cependant fi l'Hymen me lioit de fes nœuds ,
    J'en concevrois une douleur profonde ,
      Et de tous les Princes du Monde ,
      Je ferois le plus malheureux.

L'Enigme vous paroist difficile à comprendre ;
   Deux mots vôt vous la faire entendre,
  Et ces deux mots feront évanoüir
  Tous les malheurs que vous venez d'oüir.

Sçachez , pourfuivit-il , que l'aimable Perfonne
 Que vous croyez m'avoir bleffé le cœur,
  Eft ma Fille , & que je la donne
   Pour Femme à ce jeune Seigneur
   Qui l'aime d'un amour extréme ,
  Er dont il eft aimé de mefme.

 Sçachez encor , que touché vivement
  De la patience & du zele
  De l'Efpoufe fage & fidelle
  Que j'ay chaffée indignement ;
 Je la reprens , afin que je repare
Par tout ce que l'amour peut avoir de plus doux
  Le traitement dur & barbare

Qu'elle a receu de mon esprit jaloux.

Plus grande sera mon estude
A prevenir tous ses desirs,
Qu'elle ne fut dans mon inquietude
A l'accabler de déplaisirs ;
Et si dans tous les temps doit vivre la memoire
Des ennuis dont son cœur ne fut point abatu,
Je veux que plus encore on parle de la gloire,
Dont j'auray couronné sa supréme vertu.

Comme quand un épais nuage
A le jour obscurci,
Et que le Ciel de toutes parts noirci,
Menace d'un affreux orage ;
Si de ce voile obscur par les vents écarté,
Un brillant rayon de clarté
Se répand sur le païsage,
Tout rit & reprend sa beauté.

Telle dans tous les yeux où regnoit la tristesse,
Eclatte tout à coup une vive allegresse.

Par ce prompt éclaircissement,
La jeune Princesse ravie
D'apprendre que du Prince elle a receu la vie,
Se jette à ses genoux qu'elle embrasse ardemment,
Son Pere qu'attendrit une fille si chere,
La releve, la baise, & la mene à sa Mere
A qui trop de plaisir en un mesme moment,
Ostoit presque tout sentiment.
Son cœur qui tant de fois en proye
Aux plus cuisans traits du malheur,
Supporta si bien la douleur,
Succombe au doux poids de la joye;
A peine de ses bras pouvoit-elle serrer
L'aimable Enfant que le Ciel luy renvoye,
Elle ne pouvoit que pleurer.

Assez

Affez dans d'autres temps vous pourrez fatisfaire,

Luy dit le Prince, aux tendreffes du fang,

Reprenez les habits qu'exige voftre rang,

Nous avons des nopces à faire.

Au Temple on conduifit les deux jeunes Amans,

Où la mutuelle promeffe

De fe cherir avec tendreffe

Affermit pour jamais leurs doux engagemens.

Ce ne font que plaifirs, que Tournois magni-

fiques,

Que Jeux, que Dances, que Mufiques,

Et que Feftins delicieux,

Où fur Grifelidis fe tournent tous les yeux,

Où fa patience éprouvée,

Jufques au Ciel eft élevée

Par mille éloges glorieux :

Des Peuples réjoüis la complaifance eft telle

Pour leur Prince capricieux,

F

Qu'ils vont jufqu'à loüer fon épreuve cruelle,

A qui d'une vertu fi belle,

Si feante au beau fexe , & fi rare en tous lieux,

On doit un fi parfait modelle.

F I N.

A

A MONSIEUR ***

EN LUY ENVOYANT

GRISELIDIS.

SI je m'estois rendu à tous les dif-
ferents avis qui m'ont esté donnez
sur l'Ouvrage que je vous envoye, il
n'y seroit rien demeuré que le conte tout
sec & tout uni, & en ce cas j'aurois
mieux fait de n'y pas toucher & de
le laisser dans son papier bleu où il est
depuis tant d'années. Je le lûs d'abord
à deux de mes Amis. Pourquoy, dit
l'un, s'estendre si fort sur le caractere
de vostre Heros, qu'a-t-on à faire de
sçavoir ce qu'il faisoit le matin dans
son Conseil, & moins encore à quoy il
se divertissoit l'apresdinée. Tout cela
est bon à retrancher. Ostez-moy je
vous prie, dit l'autre, la response en-

joüée qu'il fait aux Deputez de son
Peuple , qui le pressent de se marier ;
elle ne convient point à un Prince grave & serieux : vous voulez bien encore,
poursuivit-il , que je vous conseille de
supprimer la longue description de vostre chasse ? qu'importe tout cela au
fond de vostre histoire , croyez-moy ,
ce sont de vains & ambitieux ornemens qui appauvrissent vostre Poëme
au lieu de l'enrichir. Il en est de mesme ajouta-t'il , des preparatifs qu'on
fait pour le mariage du Prince , tout
cela est oiseux & inutile. Pour vos
Dames qui rabaissent leurs coëffures ,
qui couvrent leurs gorges , & qui al-
longent leurs manches , froide plaisan-
terie aussi-bien que celle de l'Orateur
qui s'applaudit de son éloquence. Je
demande encore , reprit celuy qui a-
voit parlé le premier, que vous ostiez
les reflexions chrestiennes de Griselidis , qui dit que c'est Dieu qui veut
l'éprouver, c'est un sermon hors de sa
place. Je ne sçaurois encore souffrir les

inhumanitez de voſtre Prince , elles
me mettent en colere , je les ſupprime-
rois. Il eſt vray qu'elles ſont de l'Hi-
ſtoire , mais il n'importe. J'oſterois encore l'Epiſode du jeune Seigneur qui
n'eſt là que pour épouſer la jeune Princeſſe , cela allonge trop voſtre conte ;
mais , luy dis je , le conte finiroit mal
ſans cela. Je ne ſçaurois que vous dire , répondit-il , je ne laiſſerois pas
que de l'oſter. A quelques jours de là
je fis la meſme lecture à deux autres
de mes Amis , qui ne me dirent pas
un ſeul mot ſur les endroits dont je
viens de parler , mais qui en repri-
rent quantité d'autres. Bien loin de
me plaindre de la rigueur de voſtre
critique , leur dis-je , je me plains de
ce qu'elle n'eſt pas aſſez ſevere , vous
m'avez paſſé une infinité d'endroits
que l'on trouve tres-dignes de cen-
ſure. Comme quoy, dirent-ils ? On trouve , leur dis-je , que le caractere du
Prince eſt trop eſtendu , & qu'on n'a
que faire de ſçavoir ce qu'il faiſoit le

F iij

matin & encore moins l'apresdinée. On
se mocque de vous, dirent-ils tous deux
ensemble, quand on vous fait de sem-
blables critiques. On blàme, pour-
suivis-je, la réponse que fait le Prince à ceux qui le pressent de se marier,
comme trop enjoüée & indigne d'un
Prince grave & serieux. Bon, reprit
l'un d'eux, & où est l'inconvenient
qu'un jeune Prince d'Italie, païs où
l'on est accoustumé à voir les hommes
les plus graves & les plus élevez en
dignité dire des plaisanteries, & qui
d'ailleurs fait profession de mal parler, & des femmes & du mariage,
matieres si sujettes à la raillerie, se
soit un peu réjoüi sur cet article. Quoy
qu'il en soit, je vous demande grace
pour cet endroit comme pour celuy de
l'Orateur qui croyoit avoir converti le
Prince, & pour le rabaissement des
coëffures ; car ceux qui n'ont pas aimé la réponse enjoüée du Prince, ont
bien la mine d'avoir fait main basse
sur ces deux endroits-là. Vous l'avez

deviné, luy dis-je. Mais d'un autre
cofté, ceux qui n'aiment que les cho-
fes plaifantes n'ont pû fouffrir les re-
flections chreftiennes de la Princeffe ;
qui dit que c'eft Dieu qui la veut é-
prouver. Ils pretendent que c'eft un
fermon hors de propos. Hors de propos ? reprit l'autre ; non feulement ces
reflexions conviennent au fujet, mais
elles y font abfolument neceffaires.
Vous aviez befoin de rendre croyable
la Patience de voftre Heroïne, & quel
autre moyen aviez - vous que de luy
faire regarder les mauvais traitemens
de fon Efpoux comme venans de la
main de Dieu : fans cela on la pren-
droit pour la plus ftupide de toutes
les femmes , ce qui ne feroit pas af-
feurément un bon effet. On blâme encore , leur dis-je, l'Epifode du jeune Seigneur qni époufe la jeune Princeffe. On
a tort, reprit-il, comme voftre Ouvrage eft un veritable Poëme , quoy que
vous luy donniez le titre de Nouvelle,
il faut qu'il n'y ait rien à defirer

quand il finit. Cependant ſi la jeune Princeſſe s'en retournoit dans ſon Convent ſans eſtre mariée aprés s'y eſtre attenduë, elle ne ſeroit point contente ny ceux qui liroient la Nouvelle. Enſuite de cette conference, j'ay pris le parti de laiſſer mon Ouvrage tel à peu prés qu'il a eſté lû dans l'Académie. En un mot, j'ay eu ſoin de corriger les choſes qu'on m'a fait voir eſtre mauvaiſes en elles-meſmes ; mais à l'égard de celles que j'ay trouvé n'avoir point d'autre deffaut que de n'eſtre pas au gouſt de quelques perſonnes peut-eſtre un peu trop delicates, j'ay crû ny devoir pas toucher.

Eſt-ce une raiſon déciſive
D'oſter un bon mets d'un repas,
Par ce qu'il s'y trouve un Convive
Qui par malheur ne l'aime pas ?
Il faut que tout le monde vive,
Et que les mets, pour plaire à tous,
Soient differens comme les gouſts.

Quoy qu'il en soit , j'ay crû devoir m'en remettre au Public qui juge tousjours bien. J'apprendray de luy ce que j'en dois croire , & je suivray exactement tous ses avis , s'il m'arrive jamais de faire une seconde édition de cet Ouvrage.

A PARIS,

Chez la Veuve de JEAN BAPTISTE COIGNARD,
& JEAN BAPTISTE COIGNARD , Imprimeur
du Roy , ruë S. Jacques , à la Bible d'or.

MDCLXXXXIV.

www.ingramcontent.com/pod-product-compliance
Lightning Source LLC
LaVergne TN
LVHW020949090426
835512LV00009B/1783